NOTICE

SUR

M. J.-M. GERMOND

Chanoine honoraire de l'Église de Laval

CURÉ-DOYEN

ARCHIPRÊTRE DE NOTRE-DAME D'ERNÉE

*Beati mortui qui in Domino
moriuntur.... opera enim
illorum sequuntur illos.*
(Apoc.).

(Se vend au profit de l'œuvre des orphelines d'Ernée.)

LE MANS

IMPRIMERIE EDMOND MONNOYER

PLACE DES JACOBINS

1865.

NOTICE

SUR

M. J.-M. GERMOND

Chanoine honoraire de l'Église de Laval

CURÉ-DOYEN

ARCHIPRÊTRE DE NOTRE-DAME D'ERNÉE

> *Beati mortui qui in Domino*
> *moriuntur.... opera enim*
> *illorum sequuntur illos.*
>
> (Apoc.).

(Se vend au profit de l'œuvre des orphelines d'Ernée.)

LE MANS

IMPRIMERIE EDMOND MONNOYER

PLACE DES JACOBINS

1865

AUX HABITANTS D'ERNÉE

C'est à vous, mes chers compatriotes, que je dédie ces pages dans lesquelles j'ai essayé de reproduire, tant bien que mal, plusieurs traits de la figure de *notre ancien Curé*, et de remettre sous vos yeux les faits saillants de sa chrétienne et sacerdotale vie. M. Germond ne se livrait pas du premier coup ; il ne s'est fait connaître et aimer qu'avec le temps ; les œuvres dont il a doté successivement votre ville l'ont fait peu à peu croître et grandir dans votre estime. Le sentier des justes est comme une lumière resplendissante, d'abord mélangée d'ombres, et qui ensuite s'avance et croît jusqu'à devenir le jour parfait. « *Justorum autem semita, quasi lux splendens, procedit et crescit usque ad perfectum diem.* » (Prov.) Les ombres qui ont pu voiler M. Germond dans les premiers temps aux regards de quelques-uns se sont peu à peu dissipées ; et maintenant il brille aux yeux de tous dans la splendeur d'un jour radieux.

Gardez, comme il vous a été dit, *gardez fidèlement le souvenir de votre curé*, de votre ami, de votre père, *mementote præpositorum vestrorum* ; et témoignez-lui votre reconnaissance, d'abord en priant pour lui, puis en accueillant avec foi et amour le nouveau et excellent curé que Monseigneur notre Évêque vous a destiné dans sa haute sollicitude, et qui sera pour vous, en même temps que son digne représentant, l'envoyé de Dieu même.

Votre dévoué et affectueux compatriote,

HENRY SAUVÉ,

Chanoine théologal.

Laval, en la fête de saint Martin, 11 novembre 1865.

NOTICE

SUR

JEAN-MAURICE GERMOND

CHANOINE HONORAIRE DE L'ÉGLISE DE LAVAL

CURÉ-DOYEN

Archiprêtre de Notre-Dame d'Ernée (1)

Les habitants du diocèse de Laval ont trop de foi et sont généralement trop attachés à leurs curés pour rester indifférents à leur mort. Ils ont l'intelligence et l'amour du prêtre, et dès lors ils savent apprécier la perte qu'ils font, quand il plaît au Sei-

(1) Plusieurs faits et détails de cette Notice ont été puisés pour le *fonds*, et même de temps en temps pour la *forme*, dans des lettres de M. le doyen de La Ferté-Bernard et de M. le curé de Courcité, anciens vicaires de M. Germond ; de

gneur de rappeler à lui un de ces dignes ecclésiastiques qui pendant plusieurs années se son consacrés, sans bruit, sans ostentation, au bien des âmes dont ils n'avaient accepté qu'en tremblant la redoutable charge.

Jean-Maurice Germond, chanoine honoraire de l'église de Laval, curé doyen-archiprêtre de N.-D. d'Ernée, était un de ces bons prêtres que Dieu destine aux populations sur lesquelles il a des desseins particuliers de miséricorde. Aussi sa mort a-t-elle été ressentie comme un rude coup par la paroisse entière de **N.-D.** d'Ernée qu'il gouvernait depuis plus de trente-un ans, et ses obsèques ont-elles été célébrées, avec un éclat plein de douleur, au milieu

M. P. de Charnacé, chanoine honoraire de Laval, d'un des vicaires actuels d'Ernée, etc., et d'une sœur du vénérable défunt. D'autres m'ont été fournis par des souvenirs personnels. J'ai cherché, avant tout, à être exact et court ; du reste, je n'ai entrepris ce travail que sur les instances qui m'ont été faites.

d'un concours nombreux de prêtres et de fidèles appartenant à toutes les classes de la société. Mais n'anticipons pas.

I.

Jean-Maurice Germond naissait à La Ferté-Bernard, petite ville du Maine, remarquable par sa belle et splendide église, le 22 septembre 1795, le jour de saint Maurice dont on lui donna le nom. Ce saint martyr figure, à plus d'un titre, dans la vie de M. Germond qui semblait le regarder comme son patron principal. Et en effet, né le jour de saint Maurice, ordonné prêtre le jour de saint Maurice, nommé, aux débuts de son ministère, curé d'une paroisse qui avait pour patron saint Maurice, M. l'archiprêtre d'Ernée célébra sa dernière messe le jour de saint Maurice.

Le jeune Germond appartenait à une de ces familles chrétiennes que Dieu bénit et que l'Église honore, en leur demandant quelques-uns de leurs membres pour le service des autels et pour le bien de la société. Dès avant 1789, la famille Germond avait eu le privilége de donner des ministres à Dieu et à l'Église. Depuis le concordat, elle n'a pas été déshéritée de cet honneur. Maurice Germond avait un frère aîné, nommé Auguste, qui le devança dans la carrière sacerdotale et qui, chéri de Dieu et des hommes, est décédé, il y a une vingtaine d'années, curé de Vautorte, paroisse du bas Maine, laquelle est encore aujourd'hui tout embaumée du parfum de ses vertus. Deux cousins germains des MM. Germond ont partagé avec eux l'honneur d'être appelés au sacerdoce : l'un est actuellement curé de Cherré ; l'autre est mort, il y a quelque temps, curé de Guérilard. Des nièces de M. le curé d'Ernée, une est décédée religieuse hospitalière de Saint-Joseph ; deux autres servent l'église et les pauvres, dans la pieuse congrégation des Sœurs d'Evron.

Le père de M. Germond, mort à 84 ans, était un chrétien *de vieille roche* et *de bonne trempe*, pour me servir des expressions d'une lettre que j'ai sous les yeux. On raconte de lui que, dans les dernières années de sa vie, il avait, ainsi qu'un autre vieillard, une grande dévotion au chemin de croix qui venait d'être érigé, mais que l'un et l'autre perdaient souvent les traces de Notre Seigneur dans sa voie douloureuse.

La mère de cette chrétienne famille a vécu jusqu'à 96 ans ; deux années avant sa mort, elle jouissait de la plénitude de ses facultés physiques et intellectuelles. Elle se dédommageait de son impuissance à travailler, comme autrefois, par les exercices d'une piété aussi éclairée que fervente. Entrer à l'église dès qu'on l'ouvrait, entendre toutes les messes, assister à tous les offices, revenir après les repas pour y passer encore la soirée, c'était sa vie. Sa réputation de piété subsiste encore. Heureux ceux qui, comme les MM. Germond, peuvent dire : *Filii sanctorum sumus.* De tels parents sont d'excellents préparateurs au sacerdoce.

Dès que les églises furent rouvertes, et les prêtres rentrés, les jeunes Germond accoururent aux pieds des saints autels pour s'acquitter des fonctions que l'on aime à confier aux enfants pieux de cet âge ; ils le firent avec cette exacte régularité et cette grande édification que l'on a toujours remarquées en eux. *Tout jeunes qu'étaient mes frères,* nous a écrit une de leurs sœurs, *ils ne se sont disposés à l'état ecclésiastique que par religion.*

Maurice allait à l'école avec d'autres enfants ; mais *on ne le vit jamais dans les rues, comme bien d'autres* (nous écrit sa même sœur) ; *il était d'un caractère franc, aimant la justice, ne faisant jamais d'injustice aux autres, s'oubliant toujours pour eux ; voilà son enfance.* Il apportait à ses devoirs d'écolier plus d'attention qu'on n'a droit d'en attendre à cet âge.

Il y avait alors, à La Ferté-Bernard, un vicaire nommé Grenèche, ancien confesseur de la foi, qui avait passé, durant la révolution, plusieurs années en Espagne. Ce digne prêtre s'efforçait, depuis son retour, de cultiver avec soin de jeunes plantes qui pussent remplacer les vieux arbres emportés par la tempête révolutionnaire, ou, pour parler sans figure, de préparer à l'Église de nouveaux clercs propres à remplir les vides du sanctuaire. Il jeta les yeux sur Maurice Germond qui avait alors onze ans, et lui donna, en 1806, les premières leçons de latin. Trois années plus tard, le nouvel écolier entrait en troisième au collége d'Evron, lequel ouvert et dirigé par M. Poupin, prêtre saint et fervent, était alors une pépinière d'ecclésiastiques et rendait ainsi de grands services au diocèse du Mans.

En 1812, Maurice Germond terminait sa rhétorique; mais contraint, comme tant d'autres alors, de faire sa philosophie au

Lycée du Mans, il en suivit les cours, comme externe, et prit en même temps sa pension dans une bonne famille. Après une année de philosophie, toujours désireux d'entrer dans l'état ecclésiastique, le jeune Maurice fut reçu au grand séminaire du Mans, où il fit deux ans de théologie. Vers la fin de 1815, il fut envoyé, comme précepteur, dans la noble et chrétienne famille des De Charnacé, qui habite le château des Courants en la paroisse de Longuefuye et qui n'a cessé de le regarder *comme un très-digne et saint ecclésiastique.* Il y resta deux ou trois années, à la fin desquelles il conduisit ses élèves à la maison de Saint-Acheul, chez les RR. PP. Jésuites. On nous a dit que M. Germond avait alors manifesté le désir d'entrer dans la Compagnie de Jésus, mais que des obligations de famille l'avaient empêché de donner suite à ce projet. Quoi qu'il en soit, ne peut-on pas dire que ce fut surtout au contact des dignes fils de saint Ignace que notre jeune ecclésiastique s'embrasa d'un plus grand zèle pour les âmes, et se fortifia dans les doctrines romaines qui furent toujours si chères à son esprit et à son cœur?

Après six à huit mois, durant lesquels il fut chargé de faire la classe à plusieurs enfants, M. Germond quittait Saint-Acheul et ramenait avec lui le plus jeune des Messieurs de Charnacé, qui n'avait alors que six à sept ans, et qu'on ne voulut pas, à cause de son âge trop tendre, laisser seul au collége. Cet enfant n'était autre que M. Prosper de Charnacé, prêtre vertueux et distingué, aujourd'hui chanoine honoraire de l'église de Laval.

A la fin de 1818, Maurice Germond déjà diacre rentra au séminaire pour y faire sa troisième année de théologie. De dignes prêtres, qui l'ont connu séminariste, nous en ont fait un bel et touchant éloge. Le jeune lévite avait une gravité naturelle sans affectation, une dévotion sincère et solide sans apprêt. Il causait peu, aimait l'étude, montrait des talents plus qu'ordinaires, et se faisait remarquer par une grande égalité de caractère et d'habitudes. Ses maîtres et ses confrères l'estimaient et l'aimaient, d'autant que, venant à le connaître davantage, ils découvraient en lui des qualités réelles, plus solides que brillantes.

En 1819, Maurice Germond terminait son cours de théologie et devait être ordonné prêtre. Mais, Monseignenr de Pidol, évêque du Mans, n'étant plus en état de remplir ses fonctions épiscopales, l'ordination fut faite le 22 septembre, jour de saint Maurice, par Monseigneur l'Évêque d'Angers, dans l'église de Saint-Thomas de la Flèche dont les habitants généreux et empressés offrirent une hospitalité vraiment chrétienne aux ordinands.

II.

Quelques jours s'étaient à peine écoulés, et Maurice Germond était nommé, dans sa vingt-cinquième année, curé de Conflans, paroisse de 1,200 âmes dans le haut Maine ; il y fut installé, le 3 octobre 1819. Saint Maurice se trouvait être le patron de la paroisse, nouveau motif qui augmenta la dévotion du jeune curé pour celui dont il portait le nom. Du reste, il avait besoin de l'appui de ce saint martyr pour triompher des obstacles qu'il rencontra. Il succédait à un homme, capable d'ailleurs, mais qui avait été juge au tribunal révolutionnaire d'Alençon. La paroisse était en feu par suite d'un changement de cimetière, et l'ancien curé avait laissé un parti qui lui était entièrement dévoué. Quoique bien jeune, M. Germond ne fut point au-dessous de sa tâche ; il dut lutter contre ce même parti durant plusieurs années ; mais, doux et pacifique, en même temps que ferme et persévérant, il finit par rétablir la paix. La personne qui nous transmet ces détails ajoute que M. Germond *s'occupa très-activement des œuvres de piété, établit la confrérie du saint Scapulaire,*

*un chemin de Croix, un Calvaire, et sup-
prima plusieurs fêtes ou confréries de corps
et métiers qui n'étaient que l'occasion des
plus grands abus. Il fit connaître la religion, ranima la piété dans la paroisse et
fut,* après Dieu, *la principale cause des sentiments religieux qui n'ont cessé d'y exister
jusqu'à ce jour ; car, depuis la Révolution,
rien, pour ainsi dire, n'avait été fait.* M. Germond dirigea pendant onze ans, environ, la
paroisse de Conflans ; il y laissa, en la quit-
tant, des souvenirs qui ne s'effaceront
qu'avec la génération dont il a été connu.
Lui-même n'a jamais cessé d'affectionner
cette paroisse, théâtre de ses premiers travaux et de ses premiers succès.

De Conflans, M. Maurice Germond fut
transféré à la cure ou doyenné du Grand-
Lucé, au commencement de l'année 1831,
époque difficile. Bien qu'il ne soit resté
que peu de temps dans cette importante
paroisse, il y a *cependant laissé de bien
bonnes traces de son passage.* Ainsi, par sa

fermeté, il empêcha l'envahissement projeté d'une partie des bâtiments et du jardin du presbytère ; il fit plusieurs réparations considérables à son église, remplaça le pavé du chœur par un pavé de marbre blanc et noir, et mit la sacristie sur un très-bon pied. Son grand zèle eût fait beaucoup plus de bien, s'il n'avait été sans cesse entravé. Mais, somme toute, le Grand-Lucé a regardé et regarde encore M. Germond comme ayant été un excellent prêtre et un bon curé. Les talents et les vertus de M. Germond se développaient en même temps que les fonctions auxquelles il était appelé devenaient plus importantes. Ce fut, sans doute, là un des motifs qui déterminèrent le choix qu'en fit Monseigneur Bouvier, son ancien professeur de théologie, lorsqu'il l'appela à remplacer M. Lambron lequel, de curé d'Ernée, venait d'être appelé aux fonctions de vicaire général. C'était en 1834. Monseigneur l'Évêque du Mans, lors de sa première visite pastorale à Ernée, voulut y installer lui-même, le 29 septembre, jour de saint Michel, le curé qu'il venait de choisir.

III.

La nouvelle position de M. Germond était délicate. M. Lambron, dont une partie de l'honorable famille habitait la ville d'Ernée, en avait été curé pendant quinze ans ; il laissait après lui plus de regrets qu'il ne l'avait d'abord pensé. Sa piété tendre et vive, son grand zèle pour les âmes et pour leur direction, ses abondantes aumônes lui avaient gagné une foule de cœurs.

Le nouveau curé arrivait comme un étranger : son air grave et sévère, surtout au premier abord, son caractère peu ouvert, sa fermeté plus qu'ordinaire, tout cela n'était pas de nature à lui gagner les cœurs du premier coup. Une circonstance malheureuse et dans laquelle il avait eu un devoir pénible à remplir, lui suscita une premièrediffi culté.

Il faut joindre à cela que le temps et les ressources avaient manqué à M. Lambron et à ses dignes prédécesseurs (qui, du reste, avaient couru au plus pressé) pour réparer les ruines faites par la Révolution et fonder ou reconstruire toutes ces œuvres qui sont la vie et l'ornement d'une paroisse. Or, M. Germond se trouvait avoir cette mission difficile à remplir. Le bien ne se fait point d'ordinaire sans obstacles, sans luttes ; Dieu le permet ainsi dans de hauts desseins de puissance, de sagesse et d'amour. Il *faudra* donc que le nouveau curé d'Ernée combatte plus ou moins pour arriver à doter sa paroisse de toutes les œuvres dont elle est actuellement enrichie et qui sont un de ses plus beaux titres de gloire.

La première attention de M. Germond se tourna vers son église. Comme tout bon prêtre, le nouveau curé aimait la beauté du lieu saint et voulait rendre convenable et digne, autant que possible, le séjour où il plaît à Notre Seigneur d'habiter spécialement au milieu des hommes. Il se mit donc à l'œuvre ; il n'avait pas d'église à bâtir, il est vrai ; mais il avait à restaurer un grand bâtiment délabré, mal pavé, mal voûté, avec des bancs grossièrement faits et mal disposés, avec des sacristies insuffisantes, des autels pauvres, etc., etc. ; il avait presque tout à refaire, tout à embellir, tout à décorer. J'en appelle ici au témoignage des anciens.

Ce fut par le chœur (1) que M. Germond commença les réparations de son église. Le pavé en briques jaunes et fécondes en poussière fut remplacé par le beau pavé actuel ; les boiseries furent restaurées et reprirent leur couleur de bois qui avait disparu sous des peintures d'assez mauvais goût. Plus tard, les voûtes du chœur, du transept et de la grande nef, et enfin celles des latéraux, qui étaient en planches mal jointes,

____

(1) Le pavé du sanctuaire est l'œuvre de M. Lambron qui préludait ainsi à la restauration de son église.

furent toutes plafonnées. Une tribune convenable fut disposée au bas de l'enceinte, laquelle a été pavée, depuis, tout entière à neuf ; et les bancs qui remplacent aujourd'hui les anciens ont donné une nouvelle physionomie à l'église en lui créant d'utiles revenus.

Ce n'est pas tout. Les sacristies ont été agrandies, meublées et enrichies de nouveaux ornements. Croix et chandeliers d'autel, bannière, chapes, chasubles, lampes, lustres, candélabres, tableaux de chemin de croix, en un mot presque tout le mobilier actuel et convenable de l'église d'Ernée (1) a été acheté par les soins de M. Germond. On lui doit encore les trois belles cloches qui font entendre aux jours de fête leurs joyeux carillons, les vitraux placés aux diverses fenêtres, la transformation en croisées des ouvertures béantes pratiquées dans les murs de la grande nef,

(1) Le bel ostensoir en vermeil remonte au temps de M. Lambron.

les chapelles et les autels restaurés, les nouvelles statues qui y ont été placées, les stalles et les confessionnaux refaits, et enfin la petite abside, ajoutée au chevet de l'église, avec la statue de la Très-Sainte Vierge, éclairée par *un jour céleste.*

Sans doute, l'église de N.-D. d'Ernée, telle qu'elle se présente maintenant au sortir des mains de son infatigable restaurateur, laisse encore beaucoup à désirer. Mais pour nous, comme pour ceux qui l'ont vue il y a une trentaine d'années, elle a subi une heureuse et complète métamorphose. Si elle n'est pas irrépréhensible et glorieuse, on peut dire du moins qu'elle a été tirée par M. Germond de sa misère et de sa nudité d'autrefois, *de lacu traxit miseriæ.*

A un quart de lieue environ de la ville, se trouve, située sur une colline boisée, l'antique église de Notre-Dame de Charné, qui fut longtemps la seule église paroissiale et dont il ne reste plus aujourd'hui qu'un transept surmonté d'une vieille tour romane, et un chœur entouré de deux chapelles modernes. Cette église est un lieu de pèlerinage très-fréquenté (1). La sainte Vierge y possède une statue qui est l'objet d'une grande vénération. Une foule de grâces et de guérisons ont été obtenues dans ce vieux sanctuaire situé au milieu des tombes, et dont les murs tapissés de lierre sont entourés et protégés par de grands arbres qui répandent au loin leur ombre mélancolique.

A l'arrivée de M. Germond, Charné était dans un tel état de dénûment, que Mgr Bouvier avait menacé de l'interdire, au grand regret des habitants. Pour éviter un pareil coup, le nouveau curé se mit à l'œuvre, avec ce zèle et cette fermeté qu'il avait déployés pour la restauration de son

(1) Notre intention est de faire plus tard, si le temps nous le permet, l'histoire de Notre-Dame de Charné, afin de raviver la confiance des fidèles en ce dévot sanctuaire.

église ; et, peu à peu, sans bruit, sans pré-
cipitation, il parvint à faire de Charné
un sanctuaire décent et assez bien orné.
Les voûtes furent plafonnées, les murs
recrépis, le pavé refait à neuf, les autels
renouvelés, les vitraux placés, etc., etc.
M. Germond en un mot fit pour la vieille
chapelle ce qu'il avait fait pour son
église : l'une et l'autre lui doivent une sorte
de résurrection.

En même temps que, dévoré du zèle de
la maison de Dieu, le nouveau curé d'Ernée
travaillait à la restauration de son église,
il n'avait garde de négliger les pauvres
nombreux dont il se regardait comme spécialement chargé. C'est une des obligations
du clergé catholique, c'est aussi un de ses
priviléges de secourir non-seulement les
indigents, mais encore de les honorer,
de les aimer, de les servir, comme les
membres souffrants de Jésus-Christ.

Dès 1838 donc, M. Germond eut le mé-
rite d'établir lui-même *un bureau de cha-*

rité qui dure depuis lors, et qui a soulagé des misères sans nombre. L'organisation de ce bureau, due à l'initiative du curé, est intéressante à connaître. Disons-en quelques mots.

Les membres actifs, *prêtres, messieurs* et *dames*, se réunissent, au nombre de vingt à trente, sous la présidence de M. le Curé. Les pauvres, répartis en huit sections, sont visités de temps en temps par trois ou quatre membres, à la tête desquels (du moins dans les quatre premières sections) sont le curé et ses trois vicaires. Une quête à domicile, faite chaque année par M. le Curé et par M. le Maire, ainsi que des dons en argent ou en nature alimentent le bureau qui se réunit tous les mois. Grâce à cette belle institution toute chrétienne et au zèle de son pieux fondateur, secondé du reste par l'administration, les hivers les plus rudes se sont écoulés pour les pauvres, moins pénibles et moins désastreux.

L'indigent ne vit pas seulement de pain

matériel, il a surtout besoin de nourriture spirituelle : il veut être instruit, élevé d'esprit et de cœur. Or, M. le curé d'Ernée ne pouvait se dissimuler combien alors, par le malheur des temps, l'éducation des enfants du peuple, surtout des garçons, laissait à désirer. Qui ne se rappelle, en effet, qu'à Ernée, il y a trente ans environ, on rencontrait trop souvent, dans les rues et sur les places, une foule d'enfants grossiers, se disputant, se battant, ne fréquentant pas les écoles, ou n'en profitant guère ?

Aujourd'hui, cet état de choses a cessé. Ce fut, dès les premières années de son séjour à Ernée, que M. Germond s'occupa d'établir une école de frères qui pût donner l'instruction primaire et religieuse à une foule d'enfants de sa paroisse. On ne saurait dire toutes les difficultés qu'il rencontra pour fonder et consolider cette œuvre.

Rien cependant ne put l'arrêter dans

sa noble entreprise ; quoique naturelle-
ment timide, il ne reculait devant aucun
obstacle, quand il était en face du devoir
et du bien. Les contradictions ne le ren-
dirent que plus courageux ; l'école fut ou-
verte le 14 janvier 1838. Mais des épreuves
nouvelles dont le digne curé a su garder
le secret, des embarras interminables se
succédèrent. *La patience de M. Germond,*
nous écrit un vicaire témoin de ces luttes,
de ces angoisses, *était admirable ; c'était
aux pieds de son crucifix qu'il la puisait.*
Enfin l'apaisement se fit, l'école grandit,
se développa sous la bonne direction des
frères de Sainte-Croix du Mans ; et, quelques années plus tard, l'autorité munici-
pale, qui avait pu voir et apprécier tout le
bien déjà fait par eux, les choisit pour ins-
tituteurs communaux. Le curé, toujours
désintéressé, abandonna généreusement
alors à la commune les terrains et les bâtiments dont il s'était rendu propriétaire, à
la seule condition que l'école communale

serait dirigée par des Frères en communion avec l'Evêque catholique.

L'école des Frères venait à peine d'être fondée, que l'on crut devoir retirer aux sœurs d'Évron qui donnaient l'instruction aux petites filles, riches ou pauvres, la maison ou local qu'elles occupaient depuis plusieurs années, pour l'affecter seulement aux enfants des indigents. Le curé d'Ernée, qui appréciait extrêmement le bienfait de l'éducation solidement chrétienne donnée par les Sœurs, fit tous les efforts possibles pour leur procurer un nouveau local. L'acquisition faite, on prétendit que la nouvelle maison était insuffisante, insalubre pour les enfants ; mais le curé d'Ernée fut défendu chaudement auprès de l'Académie d'Angers, et l'affaire n'eut aucune suite fâcheuse. Depuis lors, la maison s'est consolidée, s'est agrandie sous l'influence et le patronage de M. Germond ; et aujourd'hui l'école ou pensionnat des Sœurs est dans un état prospère, au grand profit des enfants de la ville et des campagnes environnantes.

Les écoles fondées ou raffermies, le curé va-t-il se reposer? Non: le bon prêtre travaille toujours et ne dit jamais assez. M. Germond donc, à la vue de l'état misérable dans lequel languissaient une foule de petites filles, privées ou abandonnées de leurs parents, et exposées à perdre l'innocence, conçoit et entreprend une nouvelle œuvre, son œuvre privilégiée, celle qui a été l'objet de ses dernières dispositions, l'œuvre des orphelines.

Comme les autres œuvres, cette œuvre suscita des contradictions; le bon curé n'en tint compte, et jusqu'à sa mort il a soutenu sa maison d'orphelines par des quêtes, par des loteries, etc., et par les quelques économies qu'il pouvait faire. Si aujourd'hui, quoique légataire de M. Germond, cette maison n'a pas encore toutes les ressources nécessaires, les habitants d'Ernée font trop état du bien qu'elle produit, pour la laisser végéter et s'éteindre.

L'orphelinat ne comptait que quelques années d'existence, et M. le curé d'Ernée aspirait à doter sa paroisse d'une salle d'asile. Dans ce but il donna à la commune le terrain nécessaire pour y bâtir cette salle, qui fut bénie par Monseigneur Georges, évêque de Périgueux, venu à Ernée pour y voir son frère, aujourd'hui maire de la ville.

Ainsi les œuvres de charité succédaient aux œuvres de charité. Pendant qu'il se dépensait ainsi pour sa paroisse, le digne curé semblait oublier qu'il n'avait point de presbytère, et qu'il ne touchait pour indemnité de logement qu'une somme tout à fait insuffisante. Cet état de choses devait cesser. Une administration bienveillante, comprenant d'ailleurs qu'il était de la dignité de la ville d'avoir un presbytère, répondit au vœu général en achetant la maison louée par le curé; mais celui-ci trouva encore le moyen d'agrandir et de restaurer cette même maison, sans rien demander à la commune. Ainsi le presbytère d'Ernée est en partie l'œuvre de M. Germond.

Nous avons vu précédemment le charitable curé s'occuper des pauvres en général et des enfants en particulier; mais aucun âge ne devait échapper à sa paternelle sollicitude. Dans les dernières années de sa vie, il entreprit de procurer aux vieillards indigents un asile convenable, où ils pussent tranquillement et chrétiennement finir leurs jours. L'hôpital d'Ernée, fondé par un prêtre nommé Richard Morin, au XIIe siècle, est aujourd'hui desservi par les religieuses de la congrégation de Saint-Joseph. Ce fut là, et sous la direction zélée de ces saintes filles, heureuses de se dévouer pour toutes sortes de souffrances, que M. Germond, secondé par l'administration des hospices et par plusieurs personnes charitables, parvint à créer, en 1857, une salle spéciale pour les vieillards; nouvelle fondation à ajouter aux autres fondations déjà faites par notre digne curé.

Tout en se dépensant de tant de manières, M. l'Archiprêtre d'Ernée ne cessait de s'occuper de son église ; il avait commencé par elle, c'est par elle encore qu'il terminera et couronnera ses œuvres.

Depuis longtemps la paroisse avait le vif désir d'avoir un orgue qui pût répondre à la grandeur du vaisseau sacré et donner aux offices divins une nouvelle pompe, un nouvel éclat. Le curé, toujours patient dans son activité, tardait trop, au gré de plusieurs, à se procurer ce religieux instrument. Mais il tenait avant tout à ce que son église fût réparée et apte à recevoir un orgue tel qu'il le voulait, *bon*, *grand et beau*. Ses vœux sont aujourd'hui remplis ; l'orgue est placé ; mais le bon curé n'en a pas joui. Ç'a été un de ses regrets, un de ses sacrifices.

M. Germond ne nous est apparu jusqu'ici que dans ses œuvres. Il nous reste

maintenant à le considérer en lui-même, à
rappeler brièvement quelques-unes de ses
qualités, de ses vertus.

IV.

La tenue de M. l'Archiprêtre d'Ernée a
toujours été digne et vraiment sacerdotale.
Dans les rues, comme au presbytère et à
l'église, il était grave et modeste, causant
peu, se possédant bien, et conservant toujours une dignité qui lui donnait peut-être
de la roideur. Mais pour ceux qui le
voyaient dans l'intimité il savait rire,
plaisanter au besoin et se divertir même
d'une façon toute enfantine. Esclave du
devoir, il déployait dans ce qu'il croyait
juste une fermeté que l'on a pu prendre
quelquefois pour de l'obstination, mais
qui tenait à son caractère et à la convic-
tion qu'il s'était formée. Discret, réservé,
peu ouvert, pas assez peut-être, et ne se
plaignant point, il n'avait de récrimination
contre personne. Au plus fort des luttes

qu'il eut à subir, il ne se départait pas d'une grande modération dans ses discours. Il n'a jamais voulu voir d'ennemi dans aucun de ses paroissiens dont il se regardait comme le père ; ceux-là contre lesquels il s'est vu obligé de combattre lui semblaient plutôt des égarés que des coupables.

Bon et charitable envers tous, surtout envers les pauvres, il plaidait leur cause soit du haut de la chaire, soit en allant lui-même solliciter pour eux l'aumône du riche. Dans les quêtes qu'il faisait, rien ne le rebutait ; venait-il à essuyer quelque refus, il savait le supporter et continuer avec joie et calme son humble et glorieux rôle de mendiant. Jamais il n'a rien demandé pour lui-même ; tout Ernée rend justice à sa haute délicatesse ; mais au risque de passer pour importun, il demandait et demandait encore pour ses pauvres. D'ordinaire il n'était pas éloquent, mais il le devenait quand il prêchait chaque année pour eux. Il les visitait avec soin et leur donnait de son propre argent autant qu'il le pouvait, et cela sans se faire connaître. Son testament, du reste, met le dernier sceau à sa charité pour les malheureux.

Sous une écorce peut-être un peu rude, M. Germond avait un cœur excellent. Cet homme, en apparence froid et insensible, s'attendrissait et pleurait facilement. Les enfants des écoles de l'asile, ses orphelines surtout, excitaient sa tendresse et ses larmes. Il aimait à visiter les classes, prenait de l'intérêt aux exercices dont il était le témoin, distribuait des encouragements et des récompenses. C'était surtout au milieu des enfants que son front rayonnait, et que leur joie faisait éclater la sienne.

Les pauvres et les enfants n'étaient point les seuls privilégiés de M. Germond. Ministre du Dieu qui est venu appeler les pécheurs, M. le Curé d'Ernée avait des grâces particulières pour agir sur eux, surtout lorsqu'ils étaient malades. Il n'attendait pas du reste à être demandé ; il allait lui-même les visiter alors qu'ils lui étaient comme étrangers, sinon hostiles. Nul de ceux-là même qui étaient le plus éloignés de la Religion et des prêtres ne l'a définitivement repoussé ; tous ont reçu, avant de mourir, quand ils n'ont pas été surpris, les derniers sacrements ; et plusieurs ont eu, entre les mains de leur Curé, des morts édifiantes. L'homme de Dieu dominait en M. Germond ; les indifférents et les retardataires le savaient, et voilà pourquoi ils l'appelaient dans la maladie, ou l'acceptaient sans difficulté. Du reste, les opposants du Curé (je dis *opposants* et non *ennemis*) ne pouvaient s'empêcher d'estimer au fond celui qu'ils croyaient devoir combattre.

Toujours et partout curé, M. Germond se faisait tout à tous, n'avait ni coterie, ni maison particulière qui l'attirât ; il avait, dès son arrivée, pris et fait connaître sa résolution de ne jamais dîner en ville sans ses vicaires ; il y a tenu jusqu'à sa mort.

Autant il était inflexible dans les choses qu'il regardait comme importantes, autant il était conciliant sur une foule de points indifférents. Sa *grande affaire*, celle à laquelle cédaient toutes les autres, c'était la religion, le salut des âmes ; les affaires terrestres, civiles, politiques ne l'intéressaient que dans leurs rapports avec *la seule chose nécessaire*. Comme l'église, dont il avait l'esprit à un haut degré, il subordonnait tout aux intérêts religieux. Aussi emporte-t-il l'estime des hommes de tous les partis, de toutes les opinions. Chose à remarquer, ce Curé qui, dans le commencement de son ministère surtout, passait pour peu sociable, a toujours été dans de bons rapports avec les différents maires qui se sont succédé, et ceux même qui peut-être avaient des préventions avant de le mieux connaître, ont été satisfaits de leurs relations avec lui ; tous ont rendu justice à sa droiture et à ses autres qualités.

Ce qui a produit à la longue le grand

succès de la mission de M. Germond à Ernée, c'est, disons-le hautement, c'est qu'il fut toujours et avant tout prêtre, oui vraiment prêtre, prêtre pur, prêtre pieux, prêtre humble et mortifié, prêtre aimant le Christ, l'Eglise et les âmes. Jamais, alors même qu'on lui faisait de l'opposition, jamais une parole n'a porté atteinte à sa pureté sacerdotale. On l'a toujours regardé comme un lis planté dans le jardin du Seigneur; et les parfums de sa vertu embaumeront longtemps les âmes de ceux qui l'ont approché. La plaisanterie ne mit jamais sur ses lèvres le moindre mot inconvenant; les gravures indécentes, les discours où la chasteté recevait des blessures étaient pour lui une source de grande peine et lui causaient une sainte irritation.

Que dire maintenant de sa piété sacerdotale? M. le vicaire général Vincent rappelait brièvement, le jour de la sépulture, que le vénérable défunt avait toujours, malgré ses nombreuses occupations, trouvé le temps de s'acquitter des exercices de piété dont il avait contracté l'habitude au séminaire. Il se levait de très-bonne heure, et ne sortait jamais de sa chambre qu'après avoir fait sa méditation, aimant mieux se rendre plus tard à l'Eglise, que de manquer à ce saint exercice. Il s'était astreint par son règlement à consacrer une demi-heure chaque jour à l'étude de l'Ecriture Sainte, et un certain temps à celle de la théologie. Il faisait régulièrement sa visite au Saint-Sacrement, disait souvent son office à l'Eglise, ne manquait jamais de réciter son chapelet, et faisait le soir sa lecture spirituelle, même quelquefois à une heure avancée. Sa piété n'était ni sentimentale, ni expansive ; c'était plutôt une dévotion solide, raisonnable, dirigée par un grand esprit de foi.

Il était dur à son corps, observait rigoureusement les jeûnes et les abstinences, malgré les fatigues d'un ministère très-occupé, ne se plaignait jamais d'aucune incommodité et passait chaque jour plusieurs heures, quelquefois même des journées et des soirées entières, au confessionnal, sans feu, pendant les hivers les plus rudes, gardant toujours son calme et sa bienveillance ordinaires. Qu'on vînt le chercher pour un malade, ou pour un autre motif, toujours il était prêt ; jamais il ne semblait dérangé ; pour mieux dire, tout l'arrangeait dès lors qu'il s'agissait d'un devoir à remplir.

Humble et modeste, il ne parlait jamais de lui-même, jamais de ses œuvres ; il ne savait point se vanter, il oubliait de se faire valoir. S'il a plu aux hommes, c'est sans avoir cherché à leur plaire ; en revanche il s'efforçait beaucoup de plaire à Dieu.

Le zèle sacerdotal de M. Germond était actif sans impétuosité, discret sans vaine prudence, persévérant sans inconstance. Que ne fit-il pas, surtout aux débuts de son ministère, pour instruire les fidèles qui lui étaient confiés, pour ramener les indifférents à la pratique de leurs devoirs? Persuadé que l'ignorance religieuse est une des grandes plaies de notre époque, il voulut y remédier, en dressant, de concert avec ses vicaires, le plan d'un cours de religion, qui devait être fait, du haut de la chaire, tous les dimanches à la première et à la grand'messe. Le développement de ce plan dura plusieurs années ; et les fidèles ont conservé un bon souvenir des instructions vraiment théologiques qui leur furent alors adressées. Les grands comme les petits, disaient : *mais nous n'avons jamais entendu parler de cela.* Quelques années s'étaient à peine écoulées depuis l'installation du nouveau curé, que les communions pascales avaient augmenté dans la proportion d'un tiers, surtout parmi les hommes.

Pour ramener de plus en plus les pécheurs à la pratique de la religion, M. Germond obtint, en 1851, de Mgr l'évêque du

Mans, l'érection canonique de la confrérie du *Saint et immaculé Cœur de Marie*, laquelle fut agrégée à l'archiconfrérie de Notre-Dame-des-Victoires. Tous les troisièmes dimanches du mois, des exercices avec instruction et recommandations devaient se faire entre Vêpres et le Salut. Cette confrérie compte un grand nombre de membres. Le soin de cette nouvelle œuvre n'empêchait pas M. le curé d'Ernée de s'occuper activement de la confrérie du Saint-Sacrement, érigée depuis des siècles dans la paroisse, et dont les fêtes, même sur la semaine, ont le privilége d'attirer un grand nombre de fidèles et de déterminer de fréquentes communions. C'est encore à M. Germond qu'est dû l'établissement de l'Adoration journalière du très-saint Sacrement, dans l'église d'Ernée. On y voit avec une grande édification, à chaque heure du jour, un ou plusieurs adorateurs devant le saint Tabernacle. La confrérie de N.-D. du Mont-Carmel, très-goûtée des

fidèles, fut également l'objet de la sollicitude de M. Germond. Si d'autres œuvres
n'ont pas pris tout l'essor désirable, cela
tient à diverses raisons. Un nouveau curé
pourra achever le bien fort heureusement
commencé.

M. l'archiprêtre d'Ernée avait un tel
amour pour la très-sainte Vierge, qu'il fit
en sorte que sa paroisse fût une des premières du diocèse à jouir des bienfaits du
Mois de Marie. Le digne curé a quelquefois
voulu se charger presque à lui seul des instructions durant ce mois. Du reste, jamais
il ne se dispensait de monter en chaire au
jour fixé ; toujours prêt à remplacer l'un
ou l'autre des vicaires désignés et empê-
chés, il prêchait au besoin, même plusieurs fois la semaine durant le Carême.

Les nombreuses occupations de son ministère ne l'ont jamais détourné de prendre sa large part dans le fardeau des caté-
chismes. On se rappellera toujours avec
grande édification, qu'après avoir prêché

deux fois le matin, confessé avant et après la grand'messe, M. Germond courait à la hâte prendre un frugal repas, puis revenait, même dans les derniers temps de sa vie, faire le catéchisme avant les vêpres, assister aux offices du soir, et confesser ensuite, sans perdre aucun repos. *C'est mon devoir de curé de faire le catéchisme,* répétait-il souvent. Non content de se dépenser ainsi pour l'instruction des enfants, M. le curé d'Ernée sentit le besoin d'établir, dès 1841, un catéchisme de persévérance. Cette œuvre nouvelle fut pour M. Germond un surcroît de travail, en même temps qu'une source de consolations.

Après avoir travaillé de la sorte plusieurs années et préparé sa paroisse au bienfait d'une mission, M. le curé d'Ernée appela les RR. PP. Jésuites pour cette œuvre importante. Leurs prédications furent goûtées et suivies ; leurs travaux apostoliques obtinrent de féconds résultats. Une communion générale, de 1,400 hommes envi-

ron, fut un grand sujet de joie et d'édification pour les prêtres et pour les fidèles.

Quelques années plus tard, une seconde
mission, prêchée par le zélé et admirable
P. Lewenbruck, ramenait un grand nombre d'âmes à Dieu ; et le nouvel évêque du
diocèse de Laval récemment fondé, Mgr Wicart, put, dans sa première visite pastorale à Ernée, clore avec joie et bonheur les
exercices de cette mission doublement
célèbre et restée toujours vivante dans le
souvenir des paroissiens. Si la mort avait
tardé, M. Germond, malgré son peu de
ressources, aurait procuré à sa paroisse le
bienfait d'une troisième mission, ainsi qu'il
en a exprimé le désir.

C'était surtout au Tribunal de la Péni-
tence et au lit des malades que M. Germond exerçait son zèle sacerdotal. Il confessait, en Carême, toute la matinée, et le
soir, jusqu'à 10 heures et plus en certains
jours. Ses pénitents et les nombreux malades qu'il a assistés pourraient nous dire

combien il était patient, doux, miséricordieux. Si sur certains points il s'est montré sévère, c'a été surtout pour empêcher ou supprimer certains plaisirs dangereux. Le succès, du reste, a couronné ses efforts. Ernée est, grâce à Dieu et à M. Germond, privé de ces plaisirs-là.

Il serait difficile d'exprimer l'amour et le dévouement que ressentait M. Germond pour l'Eglise et pour le Souverain Pontife. Attaché du fond des entrailles à la Chaire de Pierre, il ne souffrait point qu'on lui disputât aucun de ses priviléges. Il voyait dans le Pape le Vicaire infaillible du Christ, et il a su s'imposer des sacrifices personnels pour venir à son secours dans la rude épreuve qu'il traverse.

Plein de respect et d'obéissance pour tous les Évêques dont il a été le sujet, M. Germond a joui de leur estime et de leur confiance. Mgr Bouvier, de sainte mémoire, qui l'avait nommé et installé lui-même curé d'Ernée, lui donna, en 1851, au grand contentement de tous ses confrères, les titres de Doyen et d'Archiprêtre. La mort de ce digne Pontife fut un coup très-sensible au curé d'Ernée, et l'érection du diocèse de Laval, qui le séparait du diocèse du Mans, auquel il appartenait par son origine, devint pour lui d'abord la source d'un nouveau chagrin. Toutefois il alla, par esprit de religion, offrir à Paris ses hommages sincères au Prélat éminent qui venait d'être appelé au nouveau siége de Laval. Juste appréciateur de ses vertus et de ses mérites, Mgr Wicart le nomma gracieusement, lors de sa première visite à Ernée, chanoine honoraire de sa cathédrale. Ce nouvel honneur ne l'enorgueillit point. *Bien d'autres,* répondait-il à un de ses vicaires qui l'avait félicité, *le méritent mieux que moi.*

Dans ses rapports avec ses confrères, M. l'Archiprêtre d'Ernée fut toujours digne et convenable. Il ne posait point devant eux. A sa table modeste s'asseyaient tous les prêtres étrangers et les parents de ses vicaires. Il était hospitalier sans prodigalité, généreux sans faste et sans luxe ; il n'avait point d'argenterie, il ignorait le confortable. Sa chambre était simple et sans ornements, ses vêtements propres et modestes ; son mobilier n'était pas riche ; il dédaignait ce qui respirait la vanité. Il tenait sa maison avec ordre, mais sans parcimonie, tenant à ne point faire de dettes, écrivait ses dépenses et ses recettes avec une grande exactitude.

Il était bon pour ses vicaires (je prends ces détails dans la lettre d'un des derniers qu'il a eus), se contentant d'être curé, sans exercer une domination importune. S'il gardait devant eux le silence sur ce qui se faisait ou se devait faire dans la paroisse, ce silence n'était pas désobligeant ; ce manque d'ouverture n'était autre chose que la prudence due en partie aux luttes et aux combats qu'il avait eus à soutenir. Mais lorsque les choses étaient terminées, il ne se dispensait pas d'en donner lui-même la première nouvelle à ses vicaires.

Indulgent envers ses domestiques, il ne se montrait point exigeant, quand il s'agissait de lui. Les cinq ou six qui l'ont servi durant trente et un ans lui ont été vivement attachés, et les regrets sincères que leur a causés sa mort attestent sa bonté pour eux.

M. le curé d'Ernée observait scrupuleusement les lois de la résidence ; il ne prenait de vacances qu'une seule fois l'année pour aller visiter ses vieux parents. S'il aimait à voir de temps en temps ses confrères voisins, il ne partait le matin que sa messe dite et après avoir confessé, et il rentrait le soir d'heure à pouvoir retourner au confessionnal. Le mercredi de chaque semaine était *en droit* le seul jour où le curé ne confessait pas dans la soirée ; *le droit* n'est jamais ou presque jamais devenu *le fait*. Il confessait tous les jours soir et matin.

V.

M. Germond avait été rarement malade;
ce fut, il y a quelques mois, qu'il ressen-
tit les premières atteintes du mal qui devait le conduire au tombeau. Au commencement de septembre, sa santé donnait déjà de vives inquiétudes. Mais toujours plein d'énergie, le malade luttait et
continuait de vaquer aux fonctions de son
saint ministère. Je me rappelle l'avoir vu
tout enflé, déjà vers la mi-septembre, et
pourtant quelques jours après, il avait le
courage de se traîner à l'église et d'y cé-
lébrer le saint sacrifice. C'était, il est vrai,
le jour de saint Maurice, son patron ; ce
fut sa dernière messe. Déjà quelque temps
auparavant, monseigneur notre Évêque,
justement alarmé, avait adressé à M. le
curé d'Ernée une lettre très-affectueuse
dans laquelle il le conjurait de prendre
soin de sa santé, et lui manifestait des
sentiments qui réjouirent et réconfortèrent

le cœur du pauvre malade. Lui-même voulut écrire à Sa Grandeur pour la remercier de l'intérêt qu'Elle daignait lui porter. M. Germond éprouva plus tard une nouvelle consolation à l'arrivée de M. Vincent, vicaire général, qui venait le voir sur son lit de douleurs, au nom de notre digne Pontife. Enfin, lorsque le malade eut été administré, Sa Grandeur fit savoir au premier vicaire qu'Elle offrirait désormais le saint sacrifice de la Messe tous les jours pour M. Germond.

La maladie empirait ; l'enflure ou l'hydropisie faisait des progrès ; les souffrances devenaient de plus en plus nombreuses et intenses ; la patience du malade ne faisait qu'augmenter, jamais une seule plainte ne s'échappait de ses lèvres. Un jour, sa sœur lui dit : *Vous souffrez bien !* et il lui répondit : *oui, mais les flammes du purgatoire font autrement souffrir.* Quand on venait le voir et qu'on lui souhaitait une meilleure santé, *la volonté du bon Dieu,*

disait-il, *et priez-le pour moi*. Le presbytère était assiégé d'une foule de personnes
qui venaient demander des nouvelles du
malade. Des indifférents même ont tenu
à montrer leurs bons sentiments pour lui.
La ville était dans le deuil et comprenait
la grandeur de la perte dont elle était me-
nacée ; il n'y avait qu'un cri d'estime et
de reconnaissance pour celui qui s'était si
généreusement dépensé au service de tous.

Quand il fut temps de songer à lui ad-
ministrer les derniers sacrements, ses excellents vicaires, auxquels je suis heureux de
rendre ici un bon témoignage pour les soins
dont ils ont entouré leur curé; ses vicaires,
dis-je, se concertèrent sur la manière d'offrir au malade les derniers secours de la
religion ; mais toute industrie était inutile.
Plus occupé que jamais de pensées sérieuses, M. le Curé avait déjà fait le sacrifice
de sa vie ; aussi fut-il le premier à parler du
Saint-Viatique et de l'Extrême-Onction.
Avant de les recevoir, il fit appeler sa

sœur et ses deux nièces, venues pour le soigner et qui sanglotaient. « *Venez toutes les trois, leur dit-il, vous savez que je dois recevoir les derniers sacrements ; il faut se soumettre à la volonté du bon Dieu ; j'ai fait le sacrifice de ma vie, puisque Dieu la demande ; je désire que vous aussi vous fassiez ce sacrifice de bon cœur.* » *Il nous dit encore plusieurs choses édifiantes dont je ne me souviens pas, m'a écrit sa sœur ; il nous disait cela avec un grand calme. Ah ! quelle foi ! c'était bien la foi de notre pauvre mère morte, il y a quelques années, à l'âge de quatre-vingt-seize ans.....* M. le doyen de Chailland, son confesseur, lui apporta les derniers sacrements en grande pompe, suivi d'une foule nombreuse. Le malade les reçut avec foi et avec amour.

Toujours plein d'énergie, M. Germond, malgré ses souffrances, se levait autant qu'il le pouvait, récitait son office, puis son chapelet. Une de ses nièces lui dit un jour : *Mon oncle, vous allez vous fati-*

guer : *Ma fille*, lui répondit-il, *quand on peut parler aux hommes, on peut parler au bon Dieu.* Il disait quelquefois à ceux qui l'approchaient : *Vous me laisserez, à tel moment, tranquille, car j'ai à m'occuper de choses plus sérieuses.* Il répétait souvent : *Ah ! mon Dieu !* et il ajoutait à cette exclamation quelques autres paroles qui semblaient plutôt des expressions de générosité que de plainte. Le malade ne cessa de réciter le bréviaire que lorsque la souffrance devint excessive ; mais il continua de dire le chapelet. Bientôt toute prière lui devint impossible. Un soir, l'avant-veille de sa mort, il dit à René, son domestique : *Mettez-moi mon chapelet au cou.* — *Mais, monsieur le curé, vous ne pourrez pas le dire.* — *Non, mais mon bon ange le dira pour moi.*

Il ne refusait rien de ce qu'on lui donnait, ne demandait que peu de soins, et faisait éclater une patience admirable. Le 18 octobre, au soir, le malade se trouvant plus mal, on récita les prières des agonisants ; il semblait que bientôt la mort allait faire son œuvre. Dieu en avait décidé autrement pour le bien spirituel de son fervent serviteur. Après une nuit passée dans des souffrances difficiles à dépeindre, mais endurées sans signes de connaissance, le pauvre malade retrouva le matin toute sa force intellectuelle. M. l'Aumônier de l'hôpital fut demandé et accourut en toute hâte ; avant de le confesser, il l'engagea à demander pardon à Dieu. Oh ! alors, qu'il fut édifiant de voir le bon curé joindre les mains, lever les yeux au ciel, et de l'entendre dire : *Mon Dieu, je vous demande pardon des péchés de toute ma vie. Mon Dieu ! je vous aime ! — Vous aimez tant la sainte Vierge*, lui dit-on.— *Oh! oui, je l'aime! après le bon Dieu, c'est elle.* Il ajouta : *Je prie bien les personnes que j'ai offensées de me pardonner ;* puis il s'écria : *Jésus ! Marie ! Joseph ! Maurice !* Quelque temps après, vers midi, *son soupir s'exhalait,* nous écrit sa sœur, *comme une chandelle qui s'éteint.*

VI.

Aussitôt que le défunt eut été exposé dans la salle du presbytère, il accourut un très-grand nombre de personnes. On voulait revoir une dernière fois son visage calme et tranquille, et surtout prier auprès de ce corps qui s'était usé de tant de façons au service des âmes et au soulagement de tant de douleurs.

Les funérailles furent célébrées avec une pompe pleine de dignité, mêlée d'une tristesse profonde. L'église était revêtue d'une tenture funèbre : dans le chœur flottaient de grands oriflammes noirs et blancs ; le catafalque était surmonté d'un baldaquin aux quatres angles duquel pendaient des draperies de mêmes couleurs. Soixante-dix prêtres environ accourus, les uns de Laval, les autres de Mayenne, d'autres des paroisses voisines (1), étaient venus honorer

(1) On remarquait parmi eux : M. Vincent, premier vicaire général de Sa Grandeur ; MM. Davost et

de leur présence la dépouille mortelle de leur vénéré confrère. Aux quatre coins du poêle étaient MM. les archiprêtres de la Trinité, de Saint-Vénérand, de Notre-Dame de Mayenne et M. le doyen de Landivy. Le gros cierge était porté par M. le doyen de Chailland, confesseur du défunt.

A la suite du corps entouré de MM. les membres de la fabrique, marchaient, suivant l'ordre établi, les diverses autorités civiles, judiciaires, etc., M. le Maire, M. le Juge de paix, M. le Lieutenant de gendarmerie, MM. les Adjoints, MM. les Membres du Conseil municipal, du Bureau de bienfaisance, de l'Administration des hospices,

Gérault, vicaires généraux honoraires et archiprêtres; MM. les chanoines Leblanc, Guiller et Sauvé; M. Tison, chanoine honoraire et archiprêtre de N.-D. de Mayenne; M. Fillion, chanoine honoraire et supérieur du petit séminaire; M. Clocheau, chanoine honoraire et doyen de Landivy; M. Boissière, chanoine honoraire et curé de Saint-Denis; MM. les doyens de Chailland et de Gorron; plusieurs curés; M. Luc, principal du collège; et la plupart des anciens vicaires de M. Germond.

MM. les Fonctionnaires des diverses admi-
nistrations, MM. les Professeurs du collége,
etc., et une foule de personnes notables,
parmi lesquelles on remarquait un des
membres du Conseil général. La compagnie
des sapeurs-pompiers et la gendarmerie es-
cortaient les autorités à la suite desquelles
se groupaient des hommes de toutes les
classes et de toutes les opinions, unis dans
les mêmes sentiments de respect et de reconnaissance envers leur vénérable Curé.
Des femmes en grand nombre, riches et
pauvres, terminaient ce lugubre et émouvant
cortége. N'oublions pas de dire que la tête
était formée par les enfants des diverses
écoles de la ville, par les élèves du collége,
et que, le plus près possible du défunt,
étaient rangées les petites orphelines qu'il
avait tant aimées.

Les Matines et Laudes de l'office des
morts avaient été chantées avant la levée
du corps. On suivit, du presbytère à l'église,
la rue des Religieuses, le carrefour de la

Corne, la rue Louveau, le bas de la Grand'Rue, la rue du Chemin-Neuf et la place de l'Église. Le cortége allait toujours grossissant; l'église fut bientôt pleine. La messe fut célébrée par M. Vincent, vicaire général de Sa Grandeur, et député par Elle pour présider la cérémonie. A *l'Orate fratres*, le célébrant, d'une voix forte et émue, recommanda le défunt aux prières de toute l'assistance; il rappela en quelques mots qui attendrirent plus d'un cœur et firent couler plus d'une larme, le prêtre éminent par ses vertus, le curé zélé dont la sollicitude s'était étendue sur tous les besoins, sur toutes les misères de l'âme et du corps de ses paroissiens; il félicita les habitants d'Ernée de leur nombreux concours, de leur religieuse attitude, et les invita à prier pour celui que la mort venait de leur ravir, mais qui continuerait de vivre dans leurs regrets, et surtout dans les œuvres durables et fécondes qu'il leur laisse en mourant, *opera enim illorum sequuntur illos.*

La messe et l'absoute chantées, le cortége se remit en marche et gagna, par la
place Mazarin et la rue Neuve, la route
impériale de Mayenne qui conduit à Notre-
Dame de Charné. Ne convenait-il pas, en
effet, que l'on enterrât auprès de l'antique
chapelle (pourquoi pas même dans son in-
térieur?) le curé qui l'avait tant aimée et
qui l'avait restaurée de son mieux? Ah! je
m'imagine avec bonheur que Notre-dame de
Charné aura tressailli d'uue sainte joie en
voyant son pieux serviteur venir lui demander l'hospitalité pour sa froide dépouille!
A la porte du cimetière était un arc de
triomphe qui semblait symboliser cette idée.

Dans le faubourg, dit du Chêne-Vert, de
pauvres gens inspirés par un double sen-
timent de tristesse et de vénération pour
leur curé, avaient tendu leur maison de
toiles blanches ornées de croix noires, et
mêlé quelques oriflammes de couleur rose
aux tristes symboles de la mort, témoigna-
ges naïfs de deuil et d'espérance qui

émurent plus d'un cœur. Pauvres de Jésus-Christ, soyez bénis! les ossements de celui qui fut votre père auront tressailli et vous auront salués en passant !

Tous les prêtres étrangers qui ont assisté à ces funérailles ont été touchés et édifiés de l'aspect de la ville d'Ernée en ce jour. Les travaux avaient cessé ; riches et pauvres, ouvriers et paysans, une grande partie de la paroisse était là. Les visages étaient empreints de tristesse; on eût dit une famille entière frappée dans son chef. *Monsieur, on ne plaisante pas aujourd'hui*, disait un habitant d'Ernée, *nous venons d'enterrer notre bon curé.*

Le service dit de *septime* a réuni de nouveau un grand nombre d'ecclésiastiques et de fidèles. On remarquait, parmi les premiers, M. le Supérieur du grand Séminaire de Laval, M. l'Archiprêtre de Saint-Martin de Mayenne, plusieurs doyens ou curés, et d'anciens vicaires du défunt, qui n'avaient pu assister à la sépulture.

Ainsi M. Germond a emporté l'estime et les regrets de toute sa paroisse ; s'il a eu des défauts (qui en ce monde n'a les siens ?), ils sont désormais ensevelis dans l'éclat de ses vertus et de ses œuvres ; son souvenir vivra entouré d'une gloire qui ne vieillira point, et nulle parole mauvaise ne viendra troubler la paix de son tombeau ; *in memoriâ œternâ erit justus ; ab auditione malâ non timebit.* Et si, ce qu'à Dieu ne plaise, une voix mal inspirée voulait s'élever contre sa mémoire, tout Ernée se lèverait comme un seul homme, et, le testament de M. Germond à la main, s'écrierait : Prenez et lisez ! Notre curé mourant vous apparaîtra ce qu'il fut toujours, l'homme de Dieu et l'homme des pauvres !

Le testament en effet commence ainsi :

« *Au nom de la Très-Sainte Trinité, du*
« *Père et du Fils et du Saint-Esprit.*
« *Je soussigné, Jean-Maurice Germond...*

« *Pour la plus grande gloire de Dieu......*

« *1° Je donne et lègue mon âme à Jésus,*
« *mon aimable Sauveur, sous la protection*
« *de Marie, sa sainte mère, de mon Ange*
« *gardien et de mes saints Patrons, à qui*
« *je confie le soin de mes chères petites or-*
« *phelines et pauvres de ma paroisse.* » (Ici
se révèle toute la tendresse du bon curé.)

. . . .

Tout est donné au bureau de bienfaisance (c'est-à-dire aux pauvres) pour les
orphelines, sous quelques conditions faciles
à remplir.

Ce testament qui a ravi tout Ernée est
un nouveau fleuron ajouté à la couronne
de M. l'Archiprêtre ; c'est la belle clôture
d'une belle vie, *miro clausit ordine.*

Des personnes généreuses, des membres
du Conseil municipal ont pris l'initiative
d'une souscription afin d'élever un monu-
ment convenable à la mémoire de M. Germond. Cette souscription a été très-bien

accueillie : les pauvres ont voulu mê
leur obole à l'or des riches. Tous ont te
à témoigner publiquement leur amou
leur reconnaissance envers celui que D
leur avait donné, que Dieu vient de l
enlever et dont il sera bientôt lui-mêm
s'il ne l'est déjà, la magnifique récompen
Ero merces tua magna nimis.

Quand on sait que tant de curés et
prêtres catholiques vivent et meurent ai
on doit s'estimer heureux d'apparteni
la seule Église où se forme et se recr
un clergé qui, par ses vertus et ses bie
faits, comme par ses travaux et ses épreuv
se montre toujours et partout le vérita
héritier et le grand continuateur de
mission du Christ.

Permis d'imprimer.

Laval, 19 décembre 1865,

WICART, vic. g.

Imp. Ed. Monnoyer — Déc. 1865.

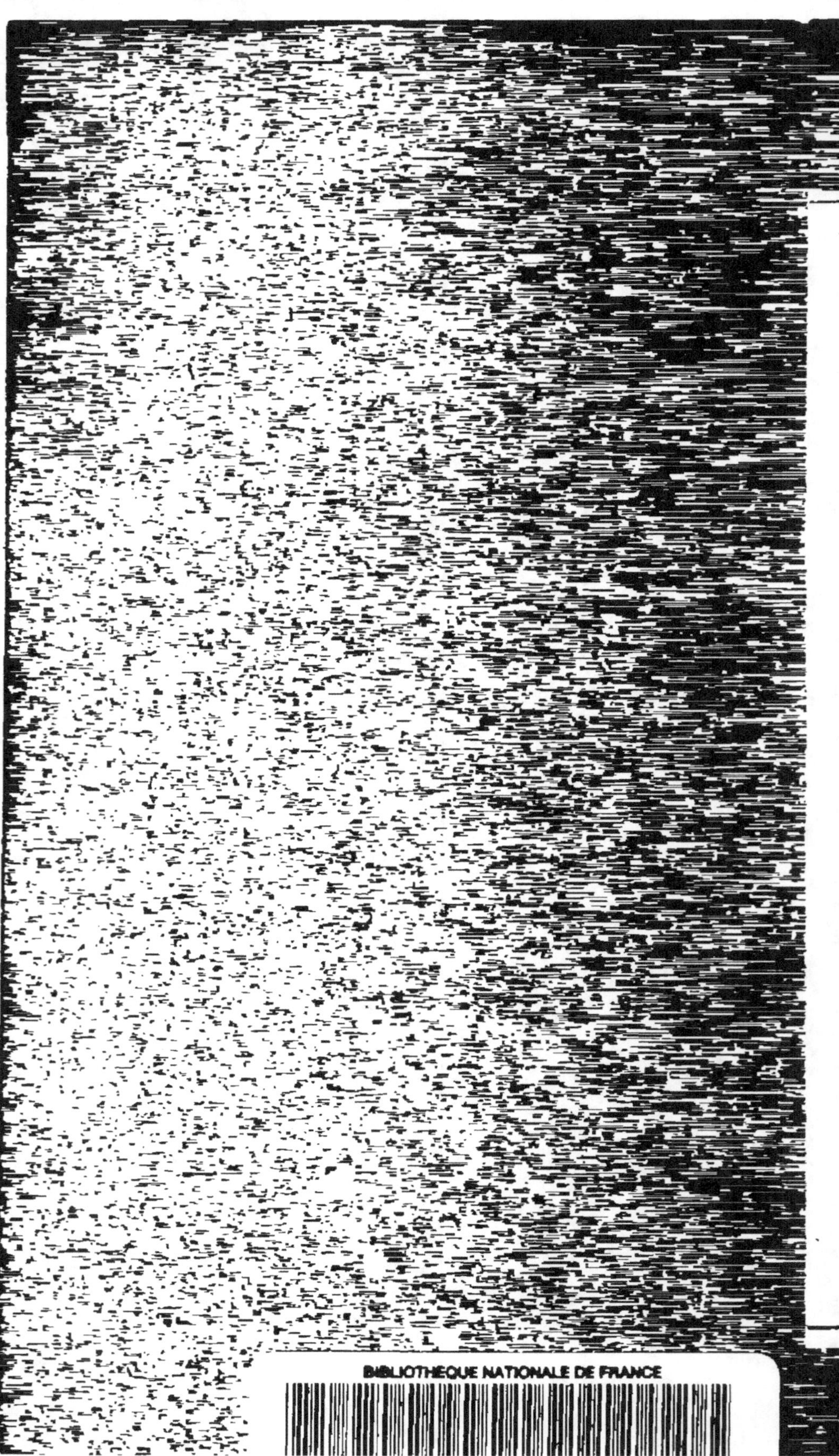